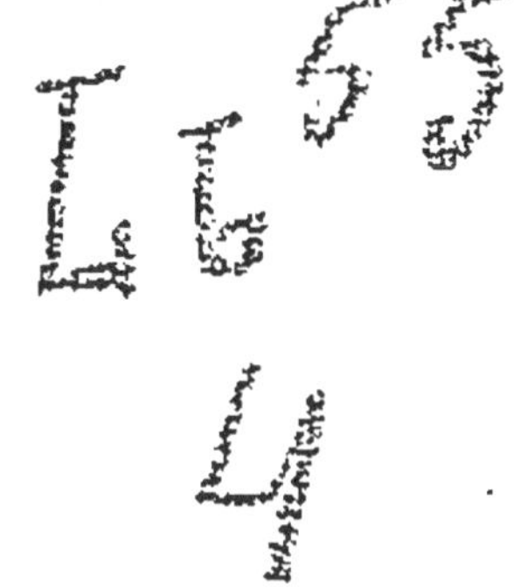

CATECHISME
NAPOLÉONIEN

CONTENANT

les principes professés en politique et en religion

Par LOUIS-NAPOLÉON BONAPARTE

Président de la République.

Et un résumé de l'ancienne organisation de la France sous l'Empire

Par MICHEL MORIN

PARIS

VIALAT ET Cie, ÉDITEURS

1849

CATÉCHISME
NAPOLÉONIEN

CONTENANT

les principes professés en politique et en religion

Par LOUIS-NAPOLÉON BONAPARTE

Président de la République

Et un résumé de l'ancienne organisation de la France sous l'Empire

PAR MICHEL-MORIN

Laudate Dominum omnes gentes.
Habitants de la terre, louez tous le Seigneur.

PARIS

VIALAT ET Cie, ÉDITEURS

12, RUE DE SAVOIE

1849

CATÉCHISME

NAPOLÉONIEN

Enseignements élémentaires.

A ce règne qui nous a si cruellement mystifiés pendant dix-huit fois trois cent soixante-cinq jours, avait succédé une dynastie aussi insolente que nulle, je veux parler de la dynastie du *National* faisant souche dans la personne de monseigneur Marrast le *Marquis de la République*. Le vote universel vient enfin de faire justice de cette impudente coterie, et les *millions* de voix acquises à Louis-Napoléon ont dû prouver aussi à M. Cavaignac, qu'en matière d'élections, le peuple français ne se laisse maintenant influencer que par son intime conviction, et que le secours des *malles*, quoiqu'elles aient l'avantage d'aller avec célérité, ne peuvent en définitive porter à la présidence celui que le vote universel a deshérité de ses affections.

Sous l'ex-Roi, la faveur trouvait bon que tel sinécuriste dévorât en sinécure l'impôt de plusieurs communes, et que tel cumulard, reçut annuellement une somme de cent mille francs, qui n'eût pas trouvé d'enchérisseur, s'il eût été mis en vente et tout nu sur la place publique.

Et c'était en frappant à la porte des chaumières, en demandant un tribut à la lumière et à la respiration des classes indigentes qu'on formait les gros budjets pour rétribuer les gros traitements, les gros cumuls, les grosses sinécures, les gros états majors.

Et dans certaines provinces, tel père de famille ne recevait qu'un salaire d'un franc par jour.

Pour nourrir sa femme et ses trois enfants, c'était là tout son budjet des recettes.

C'étaient vingt centimes pour chacun des membres de cette famille indigente.

C'étaient pour le logement soumis à l'impôt deux centimes.

C'étaient sept centimes pour l'impôt du sel, pour l'impôt personnel, pour le droit sur les boissons.

C'étaient huit centimes pour les aliments, et quels aliments, grand Dieu! du pain d'orge, de sarrazin, ou des pommes de terre bouillies à l'eau (1).

Sous la république du National, les places, les sinécures étaient pour les intimes de cette feuille; des Avocats nous étions tombés dans les Médecins, les apothicaires, les officiers de santé. Quelques temps encore et nous aurions sans doute vu le *Moniteur* porter aux emplois les *vétérinaires et les sages-femmes*.

(1) *Le livre du citoyen* par Le Fauris.

Étrange comédie que celle qui s'est jouée en février? voir arriver au faîte de la puissance, l'*Almanach-Pagnerre*, un *monsieur Flocon*, si renommé pour le culottage des pipes, un monsieur *Vaulabelle* si deshérité de la parole, l'épais *Recurt*, et tant d'autres nullités qu'engraissent par jour, les vingt-cinq francs de la nation.

Heureusement que chacun de nous peut enfin s'écrier : *Exau divit Dominus deprecationem meam, Dominus orationem meam suscepit.*

« Le Seigneur a écouté ma prière, le Seigneur a reçu ma plainte. »

Car le seigneur nous a donné pour Président de la République française : *Louis-Napoléon* qui n'oubliera pas, nous l'espérons, que du choix de ses ministres, dépend pour l'avenir de la France, notre tranquillité et surtout l'*ordre*.

Que veut l'autorité? l'ordre! Eh bien, tout abus qu'elle commet éloigne la naissance de l'ordre, parce que tout abus qu'elle commet éloigne et aigrit la liberté; or, l'ordre ne peut marcher que de leur mutuel contact. Après six mille années de luttes ne pourrions-nous donc pas nous entendre? depuis six mille ans que cette terre est arrosée du sang de tant de martyrs, du Sinaï au Calvaire, de Moïse à Socrate, à Luther, à Jean Huss, et jusqu'aux traces rouges encore du sang de Denis Affre; l'heure n'est-elle pas enfin venue de la mission, de l'union et de la concorde!

Les principes politiques, moraux et religieux que renferme notre *Catéchisme*, doivent avoir un grand poids aux yeux des masses qui raisonnent; et qui se respectent; puisque ces principes sont ceux émis par le Président actuel de la République. Nous avons, à dessein, extrait *mot à mot* ces enseignements; des ouvrages dûs à la plume de Louis-Napoléon, pour que les habitants des villes et des campagnes puissent tous juger le nèveu de l'Empereur par ses écrits, maintenant qu'il va pouvoir se faire connaître lui-même par ses actes, grâce à la *Dictature* que tant de millions de voix viennent de lui octroyer !!!

Un résumé, extrait également d'un des ouvrages du Président de la République, féra connaître quelle était la splendeur de la France sous l'Empire, l'organisation que Napoléon-le-Grand avait donnée à notre pays, les sommes immenses qu'il dépensa pour donner de l'activité à l'industrie, un formidable essor au commerce, les millions qu'il consacra aux routes, aux canaux, les monuments gigantesques qu'il fit édifier, l'impulsion qu'il donna aux sciences, aux arts, aux lettres, en les encourageant sans cesse par la fondation de prix dignes de la noblesse de ses sentiments et de son amour pour tout ce qui pouvait illustrer la patrie. Ce résumé est enfin une petite histoire, à la fois civile, industrielle, administrative et artistique des dernières années du règne de l'homme qui fut aussi grand par ses exploits que par ses malheurs.

De l'aristocratie de nos ex-prétendus Républicains gouvernants

On ne lira pas sans intérêt les détails que nous donnons ici sur ces *Nobles Vilains* qui, après s'être eux-mêmes distribué les places et les honneurs, voulaient singer l'ex-royauté, contre laquelle ils ont si longtemps tonné.

Tudieu et ventrebleu! qu'avec ces *nouvelles Excellences* le pauvre peuple en eût avalé; qu'il en juge?

Les appartements disposés au palais du Luxembourg pour recevoir Leurs Excellences les membres du pouvoir exécutif et le secrétaire général, sont enfin prêts. Il a fallu faire à diverses pièces, jadis bureaux de réunion de la chambre des pairs, bureaux de l'administration, couloirs, buvettes, cabinets de lecture, etc., de notables changements, construire des cloisons, ouvrir des portes, pour les convertir en salons et en salles à manger, etc., etc.

Le mobilier du chancelier et celui du grand référendaire ont été trouvés trop mesquins, trop vieux, trop usés, trop *rococo*, c'est le mot. On les a relégués au garde-meubles, et on a fait venir du Palais-National, des Tuileries, de Vincennes, de Saint-Cloud, etc., des bronzes, candélabres, tableaux, tables de jeux, rideaux, tapis, flambeaux, billards, lits, meubles de salon, de salle à manger, ustensiles de cuisine, etc. L'ex-chancelier et l'ex-grand-référendaire n'aimaient pas le billard; aussi, ni le Grand, ni le Petit-Luxembourg n'en possédaient.

Quel n'a pas été l'étonnement de messieurs du pouvoir exécutif! Pas de billard, grand Dieu! dans un palais comme le

Luxembourg ! Et aussitôt des ordres ont été donnés pour que les appartements de messieurs les cinq aient chacun un billard. M. le duc de Montpensier en avait deux très beaux dans ses appartements de Vincennes ; ils ont été transportés immédiatement au Luxembourg, un dans les appartements de M. Ledru-Rollin, et l'autre, dit-on, chez M. Pagnerre. Les beaux meubles du duc de Montpensier ont suivi la même destination.

S. E. M. Marie habite le rez-de-chaussée de l'ouest, de plain-pied avec le jardin jadis réservé de l'ex-chancelier et de l'ex-grand-référendaire, réservé aujourd'hui à la famille de M. Marie. C'est une résidence vraiment princière. Ce vaste rez-de-chaussée, qui s'étend du bas du grand escalier d'honneur à la façade sud, contient quatorze à quinze pièces et deux magnifiques salons, que M. Marie a trouvés, dit-on, mesquinement meublés, et surtout pauvrement dorés, ainsi que les deux belles salles à manger.

Le service est le même que celui qui existait au temps du grand-référendaire. Même cuisine, même maître-d'hôtel, et probablement aussi mêmes caves pour M. Marie.

Le rez-de-chaussée de l'est, depuis la nouvelle chapelle, jusques y compris la façade du sud, est habité par la famille Pagnerre, et meublé avec tout le confortable que nécessitent les fonctions de secrétaire-général.

La salle appelée de Médicis, montrée aux étrangers comme une curiosité, à cause des peintures, de grands peintres du siècle de Louis XIV, qu'elle renferme, a été convertie en chambre à coucher. On assure qu'elle est aujourd'hui habitée par Mme Pagnerre (1). Cette partie du palais ne renferme

(1) Anciennement *chamareuse*, bordeuse de souliers.

pas moins de douze pièces qu'il a fallu meubler, et qui, sous la royauté, ne l'étaient pas, à l'exception de deux ou trois.

S. Exc. M. Garnier-Pagès a pris pour logement le premier étage du côté de l'est. M. Garnier-Pagès monte à ses appartements, qui sont les plus somptueux, par le grand escalier d'honneur où passaient jadis les pairs pour se rendre aux séances.

En haut du grand escalier, Son Excellence trouve la salle des Gardes, depuis le salon d'Hercule; puis le salon des Messagers d'État, le salon des Conférences, le salon du Silence et une foule d'autres pièces, anciennement cabinet du Chancelier, cabinet du grand-Référendaire, salle des imprimés, quatre à cinq bureaux, salon de lecture, etc., enfin, une quinzaine de pièces toutes grandes, bien ornées et portant encore les traces de leur ancienne splendeur.

On prétend que ce nombre de pièces

n'est pas suffisant, qu'il faut à la famille de M. Garnier-Pagès quatorze chambres à coucher. On a trouvé à l'étage supérieur des pièces supplémentaires. Les cuisines sont dans les combles du palais, et la salle du Silence, appelée de ce nom à cause d'une statue de cette divinité représentée sous la figure d'un jeune homme tenant un doigt sur sa bouche, est aujourd'hui la salle à manger.

Toutes ces diverses pièces sont meublées somptueusement.

De l'autre côté du palais, au premier, du côté de l'est, demeure Son Excellence M. Ledru-Rollin. Les salons des journaux et des revues, les bibliothèques supplémentaires, les bureaux, les salles où se trouvent peintes des vues de Rome et de ses environs, en l'honneur du fils de Napoléon, les buvettes, les salles de rafraîchissements, etc., sont préparées pour M. Ledru-Rolllin.

Rien ne manque dans les soins qu'on a pris d'orner ces diverses pièces meublées jadis chacune d'une grande table recouverte d'un tapis de serge verte, de papier, de plumes, d'encre et de journaux, autour de laquelle étaient placés quelques vieux fauteuils datant du sénat conservateur.

M. Ledru-Rollin arrive dans ses appartements par le grand escalier à gauche, dans la cour, anciennement escalier d'honneur, et par où entraient les sénateurs. Les appartements de M. Ledru-Rollin sont de plain-pied avec la galerie de tableaux. M. Ledru-Rollin, sa famille et ses amis pourront, quand ils le jugeront à propos, aller se promener dans cette galerie, comme jadis Louis-Philippe ou Charles X pouvaient, sans sortir des Tuileries, se promener dans le musée du Louvre.

Le Petit-Luxembourg est destiné à M. de Lamartine et à M. Arago. M. de Lamartine a choisi les appartements de l'ex-chancelier. C'est un appartement princier ; rien n'y manque : beau salòn, belle salle à manger, grandes cuisines ; riche bibliothèque, cabinet de travail, escalier dans le jardin reservé, meubles assez beaux, etc. M. de Lamartine s'est, dit-on, rappelé que Bonaparte a habité le Petit-Luxembourg à son retour de sa première campagne d'Italie. Ce dernier trait manquait à sa gloire de poète.

M. Arago a pris les appartements du rez-de-chaussée à gauche, donnant dans le jardin. Ces appartements sont connus dans le palais sous le nom d'appartements de madame la baronne Pasquier. Ils sont simplement meublés et n'offrent rien de remarquable ni d'historique.

Le jardin réservé au chancelier et au grand-référendaire, ouvert au public pendant les premiers jours de la République, n'a pas tardé à lui être interdit par M. Louis Blanc, lorsqu'il est venu se loger au Luxembourg. Cette interdiction est maintenue encore aujourd'hui.

De grands changements ont lieu dans les allées de la promenade dite la Pépinière. Aux allées droites succèdent des allées tortueuses, une sorte de labyrinthe ou de jardin anglais, qui rendent cette partie du jardin du Luxembourg l'une des plus agréables promenades de Paris.

PLAINTES ET REQUÊTE

DES ANES

DE PARIS ET DES DÉPARTEMENTS

A

MONSEIGNEUR MARRAST

Marquis de la République

Air : *Les Gueux, les Gueux* (de Béranger).

El'vez la voix,
Défendez nos droits;
On veut nous ôter,
L'droit de voter.

Se peut-il encor' qu'en France,
On nous tanne ainsi la peau,
Et qu' les ân's aient plus d'souffrance
Que n'en support' le *chameau*.
Él'vez la voix, etc.

Quoi! permettr' qu'on nous assomme,
Nous laisser toujours cogner,
M'sieu Marrast, vous qu'êt's un homme,
Dit's, souffrez-vous sans grogner.
Él'vez la voix, etc.

N'importe où l'un de nous entre,
On l'écras' de lourds fardeaux,
Et moins il en a dans l'ventre,
Et plus il en a su' l'dos.
Él'vez la voix, etc.

En tout temps, le quadrupède
Fut un vertueux citoyen,
Et vous avez maint bipède
Qui n'vaut pas la peau d'un chien.
Él'vez la voix, etc.

Réglez donc notre ordinaire,
Car c'n'est pas, on l'avouera,
Quand on crèv' de faim, j'espère,
Que l'on peut vivre comm' çà.
Él'vez la voix, etc.

De nos jours que d'gens en place
Qu'engraiss'nt des trait'ments ben ronds,
M'sieu l'Marquis, n' devraient en masse,
N'manger comm' nous qu' des chardons.
Él'vez la voix, etc.

Vous f'rez admettr' notr' requête ;
On prétend qu'vous êt's si bon,
Qu' nous somm's sûrs au moins qu'un' bête
Se trouve au Palais-Bourbon.
Él'vez la voix, etc.

En vot' faveur, *Petit Père* (1),

(1) Ainsi appelé à la *Chambre*.

Vous pouvez certes compter,
Que nous allons un peu braire,
Pour que d'autr's ân's vienn'nt voter.
Él'vez la voix, etc.

Par nous à la Présidence,
Comm' partout vous êt's porté ;
Grand homm', vous avez d'avance,
Un' drôl' de majorité?
Él'vez la voix, etc.

Le Marquis d' la République
Doit êtr' notr' Roi désormais,
Et les *ân's* en politique,
Sont plus têtus qu' des mulets.
Él'vez la voix, etc.

P'têtr' qu'en lisant c'te harangue,
A d'autr's bêt's ell' déplaira
Mais combien d'gens parl'nt notr' langue
Sans s'croir' des baudets pour çà.

Él'vez la voix,
Défendez nos droits,
Peut-on nous ôter
L'droit de voter.

Statistique de l'élection de l'Empereur, et de l'élection de Louis-Napoléon.

—

CONSULAT. — EMPIRE.

Quelques personnes, en voulant révoquer en doute la légitimité de l'élection de *l'Empereur Napoléon*, attaquent ainsi toutes les constitutions de la République, car ces constitutions n'obtinrent pas même une sanction aussi forte.

Constitution de 1791, non soumise à l'acceptation du peuple.

	Votants.	Acceptants.	Refusants.
Constitution de 1793,	—	1,801,018	11,600
Constitution de l'an III,	—	1,057,390	49,977
— l'an VIII (consulat)	3,012.569	3,011,007	1,562
Consulat à vie,	3,577,259	3,568,888	8,374
Empire hérédit. (1804)	3,524.254	3,521,675	2,579

—

République. — 1848.

		Votants.	Pour Napoléon.
Paris.	1er arrond.	25,384	16,988
	2e —	23,846	12,538
	3e —	14,570	6,105
	4e —	10,869	4,605
	5e —	21,263	10,626
	6e —	23,458	10,621
	7e —	15,333	7,097
	8e —	22,543	12,751
	9e —	14,890	8,540
	10e —	36,536	22,331
	11e —	17,409	8,448
	12e —	18,797	10,915

CANTON DE SCEAUX.

	Votants.	Pour Napoléon.
Charenton,	7,732	5,473
Sceaux,	13,389	9,290
Villejuif,	13,908	9,743
Vincennes,	9,848	6,307

CANTON DE SAINT-DENIS.

	Votants.	Pour Napoléon.
Courbevoie,	6,411	4,367
Neuilly,	18,164	12,620

Pantin,	17,116	—	11,737
Saint-Denis,	11,171	—	7,365
Total,	342,635		198,467

DÉPARTEMENTS.

Ain,	72,110	Votants pour Louis-Napoléon.
Allier,	42,113	—
Alpes Basses-,	14,733	—
Alpes Hautes-,	17,620	—
Aisne,	117,731	—
Ardèche,	39,583	—
Arriège,	38,199	—
Aube,	66,841	—
Aude,	47,927	—
Aveyron,	66,305	—
Ardennes,	55,419	—
Bas-Rhin,	60,255	—
B.-Pyrennées,	67,527	—
B.-du-Rhône,	15,695	—
Calvados,	85,018	—
Cantal,	27,517	—
Charente,	90,360	—
Charente-Inf.	100,263	—
Cher,	51,465	—

Corrèze,	47,528	Votants pour Louis-Napoléon.
Côte-d'Or,	72,533	—
Côt.-du-Nord,	72,534	—
Creuse,	50,222	—
Deux-Sèvres,	55,862	—
Dordogne,	92,534	—
Doubs,	39,222	—
Drôme,	54,731	—
Eure,	139,249	—
Eure-et-Loire,	56,875	—
Finistère,	58,461	—
Gard,	28,836	—
Garonne,	57,035	—
Gers,	57,565	—
Gironde,	103,900	—
Haut-Rhin,	65,026	—
Hte.-Garonne,	73,952	—
Haute-Loire,	30,248	—
Haute-Marne,	39,897	—
Haute-Saône,	65,573	—
H.-Pyrénées,	45,687	—
Hérault,	47,849	—
Ile-et-Vilaine,	71,968	—
Indre,	48,102	—

Indre-et-Loire,	64,566	Votants pour Louis-Napoléon.
Isère,	113,420	—
Jura,	51,568	—
Landes,	45,000	—
Loire,	56,149	—
Loire-Infér.	44,812	—
Loire-et-Cher,	48,645	—
Loiret,	64,692	—
Lot,	45,393	—
Lot-et-Garon.,	56,692	—
Lozère,	16,054	—
Maine-et-Loire,	820,98	—
Manche,	66,020	—
Marne,	70,000	—
Mayenne,	57,873	—
Meuse,	62,398	—
Meurthe,	74,872	—
Morbihan,	27,366	—
Moselle,	75,142	—
Nièvre,	61,303	—
Nord,	105,475	—
Oise,	85,711	—
Orne,	50,805	—
Pas-de-Calais,	100,631	—

Puy-de-Dôme,	101,792	Votants pour Louis-Napoléon.
Pyrén.-Or.,	14,500	—
Rhône,	105,937	—
Saône-et-Loire	81,837	—
Sarthe,	82,276	—
Seine,	198,484	—
Seine-et-Oise,	96,593	—
Seine-et-Marn.,	75,411	—
Seine-Infér.,	135,457	—
Somme,	128,735	—
Tarn,	56,447	—
Tarn-et-Garon.	39,969	—
Var,	15,893	—
Vaucluse,	21,380	—
Vienne,	57,131	—
Vienne (Hte-),	72,899	—
Vendée,	44,555	—
Vosges,	73,899	—
Yonne,	81,575	—
Corse,		—
Algérie,	38,314	—

Des Lampions pour la chûte de la dynastie du National et des Flocons.

Air : *Des Gloux, Gloux,* (De la Fête du village voisin.)

Ma pauvre Franc' t'aurai'nt-ils habillée,
Ces parvenus, ces superbes vilains;
O Liberté! voilà donc tes soutiens!
Tu dois en être émerveillée?
C' puissant *National,*
Ce probe journal,
Souffrir *qu' notr' fortun'* soit par d'autr's gaspillée?
Et qu'on os' vouloir
Comm' lui du pouvoir,
Mais sans contr'dit,
Ça tuait d'suit' son crédit.
Par bonheur amis, enfin nous approchons,
De ce jour heureux, où tous ces avortons,
Où tous les *Marrast, les Pagnerr'*, *les Flocons*
Vont tomber au bruit des sifflets, des chansons ;
Crions, ce jour-là, des lampions! des lampions!

Ont-ils assez tonné contr' la noblesse,
En lui r'prochant sa fierté, son orgueil ;
Qu'ils nous ont fait un joli p'tit accueil
Quand nous leur parlions d' notr' détresse.

Sont-ils inhumains,
Insolents, hautains
Envers ce bon peupl' qu'ils exploitent sans cesse
Les beaux sentiments
Qu'ont pour nous ces *manants;*

Par bonheur amis, enfin nous approchons,
De ce jour heureux, où tous ces avortons,
Où tous les *Marrast*, *les Pagnerr'*, *les Flocons*
Vont tomber au bruit des sifflets, des chansons;
Crions, ce jour-là, des lampions! des lampions!

A notr' commerce, aux arts à l'industrie;
Les rich's, au moins, donnai'nt d' l'activité;
Et par leur lux', les gens de qualité,
Aux étrangers faisai'nt envie.
Sur nos *vingt-cinq francs*,
Nos beaux r'présentants,
Qui certes n'ont pas à s'plaindr' de *l'anarchie*,
Pour leur *trent'deux sous*,
Viv'nt de pomm's et d'choux;
Histoir' de sout'nir
L'commerc' prêt à faillir
Par bonheur enfin, amis nous approchons;
De ce jour heureux, où tous ces avortons,
Où tous les *Marrast*, *les Pagnerr'*, *les Flocons*
Vont tomber au bruit des sifflets, des chansons;
Crions, ce jour-là, des lampions! des lampions!

Quand, disai'nt-ils, ça n's'ra plus la richesse
Qui permettra d'parvenir aux emplois,
Les prolétair's s'ront plus heureux qu'des rois!
Credié, qu' notr' sort les intéresse!
Et puis, assez niais pour croire aux propos
De tous ces *Pierrots*
D'une si triste espèce,
L' fusil dans les mains
Pour d'*pareils crétins*,
Sans l' moins balancer
On s'fait *tuer ou pincer;*
Par bonheur, amis, enfin nous approchons,
De ce jour heureux, où tous ces avortons,
Où tous les *Marrast, les Pagnerr'*, *les Flocons*
Vont tomber au bruit des sifflets, des chansons ;
Crions, ce jour-là, des lampions ! des lampions !

Jusqu'à présent, tudieu ! la belle ouvrage
Que nous devons à leurs capacités !
Ils sont *neuf cents*, par l'budjet appointés ;
Près d' *douz' millions* de gaspillage !
Vu qu'ils n' s'entend'nt point,
Ils s'fich'nt des coups d'poing.
Un d'ces quatr' matins, ils s'crach'ront au visage.
S'donner des soufflets
Et prêcher la paix,
L'piquant à-propos,
Et somm's nous dans l' cahos !

Par bonheur, amis, enfin nous approchons,
De ce jour heureux, où tous ces avortons,
Où tous les *Marrast*, *les Pagnerr'*, *les Flocons*
Vont tomber au bruit des sifflets, des chansons ;
Crions, ce jour-là, des lampions ! des lampions !

Certe il est temps, que de maint saltimbanque,
Cesse enfin l' régn' : car depuis février,
Est-il possible à présent, voyons, d'nier
Qu' la France en a vu de *c'te banque !*
Et cett' dérision
D'mettre à l'*Instruction*
Pour la diriger, juste *c'Mosieu qu'en manque !* (1)
Puis d'voir ce *Recurt*,
Plus épais qu'un mur,
En dégringolant,
Rester encor puissant !
Par bonheur, amis, enfin nous approchons
De ce jour heureux, où tous ces avortons,
Où les *Vaulabell'*, *les Pagnerr'*, *les Flocons*
Vont tomber au bruit des sifflets, des chansons ;
Crions, ce jour-là, des lampions ! des lampions !

(1) L'incapacité du sieur *Vaulabelle* est si grande, qu'il n'a pu même *improviser* un discours de *six lignes* lors de la distribution des prix au concours général ; demandez plutôt à *Ballard*.

Commandements républicains.

I.

Napoléon tu soutiendras
Et aimeras parfaitement ;

II.

Contre lui ne conspireras,
Ni autre chose pareillement ;

III.

Chaque jour tu te souviendras
Que son nom seul est tout puissant ;

IV.

Sa *liste civile* augmenteras,
Pour qu'il dépense largement ;

V.

De l'*Empereur* tu révéreras
Le génie qui fut si brillant ;

VI.

Plus que dégoûté tu seras,
Du *National*, éternellement ;

VII.

Pour *Cavaignac* demanderas
Un peuple bête et complaisant ;

VIII,

A saint *Proudhon* conseilleras,
En *Icarie*, d'aller maintenant ;

IX.

A *Ledru-Rollin* tu diras,
Près des femmes, qu'il est charmant ;

X.

Pour *Raspail*, tu le camphreras,
Afin qu'il ait de l'agrément.

Commandements du Pouvoir.

I.

Tous tes impôts tu les paieras,
Par douzième, très exactement ;

II.

Tes députés tu les prendras,
Parmi les plus riches, à présent ;

III.

A Napoléon tu diras
De rendre ton sort très brillant ;

IV.

Toujours enfoncé tu seras,
Pour être avec toi conséquent ;

V.

Les d'*Orléans* tu ne prendras
Ni les *Henri*, pareillement ;

VI.

Enfin, toujours bête tu seras,
Pour être mené rudement.

PRIÈRES NATIONALES

ORAISON RÉPUBLICAINE.

Monsieur Cavaignac, vous qui étiez rue de Varennes, aux frais du peuple, que votre nom soit effacé des décrets qui ont paru au *Moniteur*, que votre volonté soit sans effet à la chambre comme elle l'est parmi nous ; laissez-nous notre pain quotidien ; méfiez-vous de saint *Véron ;* pardonnez-nous le vote universel en faveur de *Napoléon*, comme nous vous pardonnons d'avoir abusé des *malles-postes ;* ne nous regardez pas comme des Bédouins : ne faites plus de razzia sur les Français ; tâchez d'avoir un petit air plus gracieux ; gardez-vous dorénavant d'*Emile de Girardin ;* mais délivrez-nous de votre présence, en attendant que le pouvoir nous délivre aussi de l'*Arago* de la poste et de son illustre cousin l'*Emmanuel Arago*, l'ambassadeur. Ainsi soit-il.

SYMBOLE NAPOLÉONIEN.

Je crois à *Louis-Napoléon*, président de la République française, neveu de Napoléon-le-Grand, qui, de simple sous-lieutenant, a fondé l'Empire français, s'est fait Empereur, s'est créé Roi d'Italie, a été Protecteur de la Confédération Suisse, Médiateur de la confédération du Rhin, qui, captif à Sainte-Hélène, a souffert sous les Anglais, est mort sous le règne de Louis XVIII, a été enterré à Longwood, et dont les cendres, rapportées en France par Joinville, reposent actuellement à l'hôtel national des Invalides. Ainsi soit-il.

CONFITEOR PATRIOTIQUE.

Je me confesse à la patrie, toujours fille de la liberté, et à *Girardin*, de n'avoir jamais été *Cavagnaniste*, *Raspailiste*, *Ledru-Roliniste*, *Proudhoniste* ni *Pierre Leroutiste*, c'est pourquoi je prie le digne archevêque *Affre*, mort martyr de son dévouement, d'intercéder pour nous auprès du Ciel, afin que nous soyons enfin délivrés de tous les *utopistes* qui empêchent la prospérité du commerce, l'activité de l'industrie, et qu'il nous débarrasse surtout des émeutiers, si nuisibles aux intérêts généraux. Ainsi soit-il.

ACTE DE FOI MINISTÉRIEL.

Mon Dieu, je crois fermement qu'il n'y a plus que *Napoléon-Louis* qui puisse, s'il veut s'entourer de bons ministres et comprendre les besoins de l'époque, nous tirer du chaos où nous a plongés *le National*; je crois que l'exil et les persécutions ont dû lui donner à réfléchir, et que s'il veut conserver la présidence, il ne commettra pas les fautes qui, depuis la fatale campagne de Russie, ont fait disparaître tant de têtes couronnées. Ainsi soit-il!

ACTE DE CHARITÉ ENVERS LE *Siècle*.

Vous savez, mon Dieu, quelle est la faiblesse de vos enfants; pardonnez-nous nos péchés comme nous les pardonnons à ceux qui ont voté pour Cavaignac; pardonnez surtout au *Siècle* d'avoir combattu la candidature de notre Président; vous n'ignorez pas, mon Dieu, que ce journal n'a jamais su ce qu'il faisait ni ce qu'il disait. Félicitons-le seulement d'avoir attaché à son administration le *baron Emile de l'Empezé*, —Emile Marco de Saint-Hilaire,—ce piquant auteur de l'*Art de mettre sa cravate*, cet étonnant historiographe des faits et gestes du *vainqueur d'Arcole*. Ainsi soit-il!

ACTE DE REMERCIEMENT A LA *Presse*.

Saint Girardin, que nous lisons san

cesse, daignez être persuadé de notre reconnaissance pour le résultat des élections; nous allons donc être enfin débarrassés, grâce à vous, des *Trouvé-Chauvel*, des *Recurt*, des *Vaulabelle*, des *Marrast*, des *Flocons*, des *apothicaires* et des *médecins*; daignez éclairer les électeurs qui vont être appelés à élire de nouveaux représentants, inspirez-les pour qu'ils choisissent des gens moins nuls que ceux que nous avons eus jusqu'à présent, et faites que les vingt-cinq francs que nous leur allouons chaque jour profitent du moins au commerce. Ainsi soit-il!

ORAISON AU *Constitutionnel.*

Constitutionnel, toi jadis le journal des *épiciers et des bonnets de coton*, toi qui viens de te réhabiliter si brillamment, dans l'esprit public toi qui fais enfin comprendre que l'ordre peut seul ramener la confiance, la confiance, le bien-être général, je renonce dès aujourd'hui et pour toujours à faire de l'opposition quand même, persuadé que le gouvernement que nous avons choisi comprendra les obligations que lui imposent le bonheur du peuple et la sécurité de tes 140,000,000 d'abonnés en France. Ainsi soit-il, vieux!

ACTE DE CONTRITION DE MONSIEUR CAVAIGNAC.

Je confesse à la France toute-puissante, à la bienheureuse ville de Paris, à tous les journaux que j'ai suspendus, à tous les écrivains que j'ai emprisonnés, et à vous, Louis-Napoléon, que j'ai beaucoup péché, par pensées, par paroles, par actions; je m'en sens coupable, je m'en avoue coupable, je m'en reconnais très coupable: *meâ culpâ, meâ culpâ; meâ maximâ culpâ;* c'est pourquoi je vous supplie, bonne ville de Paris, et vous en particulier,

Louis-Napoléon, président de la République, de prier pour moi, de ne pas m'en vouloir de ce que j'ai fait, et, pour me le prouver, de me créer immédiatement *maréchal de France* et de *me décorer du grand cordon de la Légion-d'Honneur.* Ainsi soit fait!

Prière des agonisants pour HENRI V

Henri IV, qui êtes sur le Pont-Neuf, faites-lui miséricorde.
Porte Saint-Denis, faites-lui miséricorde.
Porte Saint-Martin, faites-lui miséricorde.
Saint Montalembert, priez pour lui.
Saint Berryer, priez pour lui.
Saint Larochejaquelein, défendez-le.
Saints Trestaillons secourez-le.
Saints Chouans, secourez-le.
Saint d'Arlincourt, préconisez-le.
Sainte *Gazette* admirez-le.
Français, pardonnons-lui.

Litanies des Socialistes

Raspail, ayez pitié de nous.
France, écoute-nous.
Raspail, *sédativez*-nous.
Pierre Leroux, comptez sur nous.
Proudhon, parlez pour nous.
Prolétaires, pensez comme nous.
Clubistes, agissez comme nous.
Émeutiers, tapez comme nous.
Cabet, défendez-nous.
Électeurs, délivrez-nous de Ledru-Rollin.
Représentants, abolissez la propriété.
France, délivre-nous des riches.
Napoléon, donnez-nous l'abondance.

Te Deum des vieux Grognards

Air : *Vive, vive Napoléon.*

Vive, vive Napoléon !
Qu'est le neveu de son oncle ;
Désormais en Franc' plus d' Bourbon,
Faut d' la gloire et du canon.

Air : *Les gueux, les gueux.* (De Béranger.)

A-t-il son sac,
Monsieur Cavaignac,
D' Paris à Cognac,
Dieu ! quel tabac ?

Air : *Ah ! daignez m'épargner le reste.*

Qu'il ronflait crân'ment le *brutal*,
Et qu'il crachait bien sa mitraille.
Avec le *petit caporal*,
Plus grand après chaque bataille ?
Ah ! comme avec joi' ses soldats,
Fiers d'obéir rien qu'à son geste ;
Et n'ayant plus ni jamb's ni bras,
D'mandai'nt encor dans d'autr's combats
A pouvoir, pour lui, perdr' le reste ? (*bis*)

Air : *Gai, gai, mariez-vous.*

Vive le Président
D'une république
Unique,
C'est lui qui doit maint'nant
En Europe êtr' tout puissant,
Grâce à notr' *Louis* on s'égaie,
Parc' qu'on est sûr, nom d'un nom,
En Franc' d'avoir la *monnaie*
Maint'nant d'un *Napoléon !*
Vive le Président, etc.

Air du *Verre.*

Nous savons bien qu'on cherchera
Sur lui plus d'une fois à mordre ;
Mais, grâce à lui, chacun verra
Pour jamais renaître enfin l'ordre.
Pauvre France, que ces Bourbons
Avai'nt tous si bien habillée,
Avec l'*Aigl'* des Napoléons
Ne crains plus d'être un' *poul' mouillée.* (*bis*)

Air : *Bon voyage, monsieur Dumolet.*

Bon voyage,
Monsieur Cavaignac,
En *Algéri'* debarquez sur la plage
Bon courage,
Monsieur Cavaignac,

Dans un hamac
Dormez bien au bivouac !

Air : *Faut d' la vertu, par trop n'en faut.*

Autrichiens, Russes et Prussiens,
Chinois, Anglais et Marocains,
Accourez donc tous en wagons,
Nous donner du balai, capons.

Nous donner du balai, compères ,
A notr' pays maint'nant toucher,
Beaux potentats, v'là des affaires
Qui n' peuv'nt plus du tout s'*emmancher*,

Autrichiens, Russes et Prussiens,
Chinois, Anglais et Marocains, etc.

Que vienne enfin l' moment prospère,
En mass' de pouvoir vous frotter,
Dans *votr' balai* la France entière
Trouv'ra des verg's pour vous fouetter!

Autrichiens, Russes et Prussiens,
Chinois; Anglais et Marocains, etc.

Air : *Vive, vive Napoléon.*

Vive, vive Napoléon !
Qu'est le neveu de son oncle,
Désormais en Franc' plus d' Bourbon,
Faut d' la gloire à notr' nation.

Air : *Quand la fortune avare de ses dons*, ou de *la Sentinelle.*

Avec transport par nous tous adopté,
Souviens-toi bien, *Exilé de la France*,
Qu'en protégeant toujours la liberté,
C'est assurer à jamais ta puissance.
Aime le peuple, il est noble, il est grand,
Fais que l'Europe et te craigne et t'admire?..
Appelle à toi les vertus, le talent...
Rends-nous enfin, avec un *Président*,
La prospérité de l'Empire. (*bis*)

Air : *Vive, vive Napoléon.*

Vive, vive Napoléon !
Qu'est le neveu de son oncle,
Désormais en France plus d' Bourbon,
Faut d' la gloire à notr' nation.

CANTIQUE MILITAIRE DES INVALIDES

EN L'HONNEUR

d'Émile-Marco de Saint-Hilaire

Historiographe de l'Empereur

Air : *Dans mon village, dans mon herbage.* (De Margot.)

Grand *Saint-Hilaire*,
Que tu sais plaire
En retraçant, les combats, la valeur,
Des jeunes *Guides*,
Des *Invalides*,
Et les exploits d' la *Gard'* de ton Emp'reur.

En nous parlant d'puis vingt anné's d' sa gloire,
D' tous les *Anciens* tu charmes les loisirs,
De tes succès, si tu perds la *Mémoire*...
Le *Siècle* est là, pour t' rapp'ler *tes Souvenirs*.

Grand *Saint-Hilaire*, etc.

A Saint'-Hélèn', par un sort trop funeste,
Lorsque l'on vit *Bertrand et Montholon.*
Noble comme eux, *Marco*, mais plus modeste,
Toi tu devins le *Las Cases* du feuill'ton.

Grand *Saint-Hilaire*, etc.

La Républiqu' va, pour qu'aussi *tu r'poses*,
Parmi *nos livr's* qui ne parl'nt que d' ton Emp'reur ;
T' nommer, sans dout', toi, qui fis d' si grand's [choses ;
Des Invalides enfin *l' Conservateur !*

Grand *Saint-Hilaire*, etc.

Pour notre *Hôtel*, quels brillants avantages,
Tous nos *aveugl's* verront leur écrivain ;
Et les *manchots*, séduits par tes ouvrages,
Seront heureux de te presser la main !..

Grand *Saint-Hilaire*,
Que tu sais plaire,
En retraçant les combats, la valeur,
Des jeunes *Guides*,
Des Invalides,
Et les exploits d' *la Gard'* de ton Emp'reur ! !

Louis-Napoléon au Peuple français

« Si la destinée que me présageait ma « naissance, n'eût pas été changée par les « événements, neveu de l'Empereur, j'au- « rais été un des défenseurs du trône, un « des propagateurs de ses idées. J'au- « rais eu la gloire d'être un des piliers de « son édifice ou de mourir dans un des « carrés de sa garde en combattant pour « la France. L'empereur n'est plus, mais « son esprit n'est pas mort.

« Ennemi de toute théorie absolue et « de toute dépendance morale, je n'ai « d'engagements envers aucun parti, en- « vers aucune secte, envers aucun gou- « vernement; ma voix est libre comme « ma pensée... et j'aime la liberté!

« Carlton-Terrace, juillet 1839. »

Le Catéchisme des Napoléonistes

Administration. — Une bonne administration se compose d'un système régulier d'impôts, d'un mode prompt et égal pour les percevoir, d'un système de finances qui assure le crédit, d'une magistrature considérée qui fasse respecter la loi, enfin d'un système de rouages administratifs qui porte la vie du centre aux extrémités, et des extrémités au centre. Mais ce qui distingue une bonne administration, c'est lorsqu'elle fait appel à tous les mérites, à toutes les spécialités pour éclairer sa marche et mettre en pratique tous les perfectionnements ; c'est lorsqu'elle réprime tous les abus, qu'elle améliore le sort des pauvres, qu'elle éveille toutes les industries, et qu'elle tient une balance égale entre le riche et le pauvre, entre ceux qui travaillent et ceux qui font travailler, entre les dépositaires du pouvoir et les administrés.

Armée. — Depuis Henri IV, la France est en butte à la jalousie de l'Europe, il lui faut donc une grande armée pour maintenir son indépendance.

Bouleversement social. — Dans les moments qui suivent de près un bouleversement social, l'essentiel n'est pas de mettre en application des principes dans la subtilité de leur théorie, mais de s'emparer du génie régénérateur, de s'identifier avec les sentiments du peuple et de le diriger hardiment vers le but qu'il veut atteindre ; pour être capable d'accomplir une tâche semblable, *il faut que* VOTRE *fibre réponde à celle du peuple* (paroles de l'Empereur), que vous sentiez comme lui, et que vos intérêts soient tellement confondus, que vous ne puissiez vaincre ou tomber qu'ensemble! C'est cette union de sentiments, d'instinct et de volontés qui a fait toute la force de l'Empereur.

Centralisation. — Dans un gouvernement, dont la base est démocratique, le chef seul a la puissance gouvernementale, la force morale ne dérive que de lui, tout aussi remonte directement jusqu'à lui, soit haine, soit amour. Dans une telle société, la centralisation doit être plus forte que dans toute autre; car les représentants du pouvoir n'ont de prestige que celui que le pouvoir leur prête, et pour qu'ils conservent ce prestige, il faut qu'ils disposent d'une grande autorité, sans cesser d'être vis-à-vis du chef dans une *dépendance absolue*, afin que la surveillance la plus active puisse s'exercer sur eux.

Christianisme.—La religion du Christ a pénétré dans lès esprits et dans les consciences. Bientôt elle eut à ses ordres des armées et des rois. Constantin et Charlemagne la promenèrent triomphante en Europe, alors la religion déposa ses armes de guerre, elle dévoila à tous les yeux les principes d'ordre et de paix qu'elle renferme, et devint l'élément organisateur des sociétés, l'appui même du pouvoir, il en sera ainsi de la liberté, elle a déjà eu les mêmes phases en 1793; elle effraya les peuples autant que les souverains; puis, ayant revêtu des formes plus douces, elle s'insinua partout à la suite de nos bataillons. En 1815, tous les partis adoptèrent son drapeau, et, s'étayant de sa force morale, ils se couvrirent de ses couleurs; l'adoption n'était pas sincère, la liberté fut obligée de reprendre son armure de guerre; avec la lutte reparurent les craintes. Espérons que bientôt elles cesseront, et que la liberté revêtira ses habits de fête pour ne plus les quitter.

Conduite politique. — Il y a trois manières d'envisager les rapports de la France avec les gouvernements étrangers. Il y a une politique aveugle et passionnée qui voudrait jeter le gant à l'Europe et détrôner tous les rois.

Il y en a une autre qui lui est entièrement opposée, et qui consiste à maintenir la paix en achetant l'amitié du souverain aux dépens de l'honneur et des intérêts du pays.

Enfin, il y a une troisième politique qui offre franchement l'alliance de la France à tous les gouvernements qui veulent marcher avec elle dans des intérêts communs.

Avec la première, il ne peut y avoir ni paix ni trève ; avec la seconde, il n'y a pas de guerre, mais aussi point d'indépendance ; avec la troisième, pas de paix sans honneur, pas de guerre universelle.

Ce troisième système est la politique que l'Empereur a mise en pratique durant toute sa carrière.

Confusion, — La grande difficulté des révolutions est d'éviter la confusion dans les idées populaires. Le devoir de tout gouvernement est de combattre les idées fausses et de diriger les idées vraies, en se mettant hardiment à leur tête; car, si au lieu de conduire, un gouvernement se laisse entraîner, il court à sa perte et il compromet la société au lieu de la protéger.

Constitution. — Lorsque les changements successifs de constitution ont ébranlé le respect dû à la loi, il faut recréer l'influence légale, avant que la liberté soit possible. Après une révolution, l'essentiel n'est pas de faire une constitution, mais d'adopter un système qui, basé sur le principe populaire, possède toute la force nécessaire pour fonder et établir, et qui, tout en surmontant les difficultés du moment, ait, en lui, cette flexibilité qui permet de se plier aux circonstances. D'ailleurs, après une lutte, une constitution peut-elle le garantir des passions réactionnaires? Et quel danger n'y a-t-il pas à traduire en principes généraux des exigences transitoires: « Une constitution, a dit Napoléon, est « l'œuvre du temps; on ne saurait y lais« ser une trop large voie aux améliora« tions. »

Déclaration de principe. — Il faut plaindre les peuples qui veulent récolter avant d'avoir labouré le champ, ensemencé la terre, et donné à la plante le temps de germer, d'éclore, de mûrir. Une fatale erreur est de voir qu'il suffise d'une déclaration de principes pour constituer un nouvel ordre de choses.

Après une révolution, l'essentiel est d'adopter un système qui, basé sur les principes populaires, possède toute la force nécessaire pour fonder et établir, et qui, tout en surmontant les difficultés du moment, ait en lui cette flexibilité qui permet de se plier aux circonstances.

Délégués du peuple. — Les intérêts passagers ou particuliers, changeant continuellement selon les circonstances, ne peuvent être bien compris que par des délégués du peuple qui, renouvelés sans cesse, sont l'expression fidèle des besoins et des désirs des masses.

Égalité. Quand, dans un pays démoralisé comme l'était la France, le principe d'égalité n'est pas appliqué généralement, il faut l'introduire dans toutes les lois, avant que la liberté soit possible.

Époque (notre). —Le génie de notre

époque n'a besoin que de la simple raison : il y a trente ans, il fallait deviner et préparer, maintenant il ne s'agit que de voir juste et de recueillir.

Esprit Napoléonien.—Admirons l'esprit Napoléonien ; il ne fut jamais ni exclusif ni intolérant. Supérieur aux petites passions des partis, généreux comme le peuple qu'il était appelé à gouverner, l'Empereur professa cette maxime : qu'en politique, *il faut guérir les maux, jamais les venger.*

Étrangers (peuples). — Je considère comme un malheur la fatale tendance qu'on a en France de vouloir toujours copier les institutions des peuples étrangers pour les adopter parmi nous.

La France, sous beaucoup de rapports, est à la tête de la civilisation, et on semble douter qu'elle puisse se donner des lois qui soient uniquement françaises, c'est-à-dire des lois adaptées à nos besoins, modelées sur notre nature, subordonnées à notre position politique; prenons des étrangers les améliorations qu'une longue expérience a consacrées, mais gardons dans nos lois la forme, l'instinct et l'esprit français. Une constitution doit être faite uniquement par la nature à laquelle on veut l'adapter; elle doit être comme un vêtement qui, pour être bien fait, ne doit aller qu'à un seul homme.

L'Angleterre nous a pendant longtemps offert un beau spectacle de liberté parlementaire; mais quel est l'élément de la constitution anglaise? quelle est la base de l'édifice? l'aristocratie : supprimez-là, et en Angleterre vous n'aurez rien d'organisé. « De même qu'à Rome, a dit l'Empereur, « si l'on eût ôté la religion, il ne serait rien « resté. »

Finances. — Des finances fondées sur

une bonne agriculture ne se détruisent jamais.

Foi politique. — Lorsqu'il n'y a plus ni esprit public, ni religion, ni foi politique, il faut au moins recréer une de ces trois choses avant que la liberté soit possible.

Forme des gouvernements. — Les gouvernements ont été établis pour aider la société à vaincre les obstacles qui entravent sa marche ; leur forme a dû varier suivant la nature du mal qu'ils étaient appelés à guérir, suivant l'époque, suivant le peuple qu'ils devaient régir. Sous le rapport de notre essence divine, il ne nous faut pour marcher que liberté et travail ; sous le rapport de notre nature mortelle, il nous faut pour nous conduire un guide et un appui.

France. — Toi, France de Henri IV, de Louis XIV, de Carnot, de Napoléon, toi qui fus toujours pour l'occident de l'Europe la source des progrès, toi qui possèdes les deux soutiens des empires, le génie des actes pacifiques et le génie de la guerre, n'as-tu plus de mission à remplir? Epuiseras-tu tes forces et ton énergie à lutter sans cesse avec tes propres enfants? Non, telle ne peut-être ta destinée; bientôt viendra le jour où, pour te gouverner, il faudra comprendre que ton rôle est de mettre dans tous les traités ton épée de *Brennus* en faveur de la civilisation.

Génération. Une génération a, comme un individu, des antécédents qui la dominent. Nos sentiments ne sont pour la plupart que des traditions. Esclave des souvenirs de son enfance, l'homme obéit toute sa vie, sans s'en douter, aux inspirations qu'il a reçues dans son jeune âge, aux épreuves et aux influences auxquelles il a été en butte. La vie d'un peuple est soumise aux mêmes lois générales. Un jour seul ne fait pas d'une république de 500 ans une monarchie héréditaire, ni d'une monarchie de 1400 ans une république élective.

Genre humain. — Le genre humain, a dit Pascal, est un homme qui ne meurt jamais, et qui se perfectionne toujours « image sublime de vérité et de profondeur, le genre humain ne meurt jamais, mais il subit cependant toutes les maladies auxquelles l'homme est sujet, et quoiqu'il se perfectionne sans cesse, il n'est pas exempt des passions humaines, arsenal dangereux, mais indispensable qui est la cause de notre élévation ou de notre ruine. »

Gouvernement. — Les gouvernements ont été établis pour aider la société à vaincre les obstacles qui entravent sa marche ; leur forme a dû varier suivant la nature du mal qu'ils étaient appelés à guérir, suivant l'époque, suivant le peuple qu'ils devaient régir.

Un gouvernement n'est pas, comme l'a dit un économiste distingué, *un ulcère nécessaire*, mais c'est plutôt le moteur bienfaisant de leur organisme social.

Il ne peut y avoir de gouvernement assis sur des formes invariables, il n'y a pas plus de formule gouvernementale pour le bonheur des peuples, qu'il n'y a de panacée universelle qui guérisse de tous les maux.

Le meilleur gouvernement est celui qui se formule sur le besoin de l'époque, et qui, en se modelant sur l'état présent de la société, emploie les moyens nécessaires pour frayer une route plane et facile à la civilisation qui s'avance.

Une des premières nécessités pour un gouvernement, c'est de bien connaître l'état du pays qu'il régit, et de savoir où sont les éléments de force sur lesquels il doit s'appuyer.

Guerre. — Lorsqu'un pays est en guerre avec ses voisins et qu'il renferme encore dans son sein des partisans de l'étranger, il faut vaincre les ennemis et se faire des alliés sûrs avant que la liberté soit possible.

Si la guerre est le fléau de l'humanité, ce fléau perd une partie de sa malheureuse influence quand la force des armes est appelée à fonder au lieu de détruire.

Idées de l'Empereur. — En France on réclame sans cesse, sous d'autres noms ou sous d'autres formes, la réalisation des idées de l'Empereur ; si une grande mesure ou un grand travail s'exécute, c'est généralement un projet de Napoléon que l'on exécute ou que l'on termine; tout acte de pouvoir, toute proposition des chambres, se met toujours sous l'égide de Napoléon pour le rendre populaire, et sur un mot tombé de sa bouche on bâtit tout un système.

Idée Napoléonienne. — L'idée napoléonienne n'est point une idée de guerre, mais une idée sociale, industrielle, commerciale, humanitaire; si, pour quelques hommes, elle apparaît toujours entourée de la foudre des combats, c'est quelle fut en effet trop longtemps enveloppée par la fumée du canon et la poussière des batailles. Mais aujourd'hui, les nuages se sont dissipés, et on entrevoit à travers la gloire des armes, une gloire *civile* plus grande et plus durable, et l'écho de Longwood répète sur le cercueil du grand homme :

« Les peuples libres travaillent partout à refaire ton ouvrage. »

Institutions. — Lorsque les institutions sont d'accord non-seulement avec les intérêts, mais encore avec les sentiments et les habitudes de chacun, c'est alors que se forme cet esprit public, cet esprit général qui fait la force d'un pays, parce qu'il sert de rempart contre tout empiètement du pouvoir, contre toute attaque des partis.

Législateur. — Le génie du législateur consiste à juger d'un coup-d'œil les rapports qui existent entre le passé et le présent, entre le présent et l'avenir.

Quelles sont les idées qui sont passées sans retour.

Quelles sont celles qui doivent triompher par la suite.

Enfin quelles sont les idées qui peuvent être appliquées immédiatement et qui accélèreront le règne de celles qui doivent prévaloir.

Liberté. — L'enfantement de la liberté est pénible, et l'œuvre des siècles ne se détruit pas sans des secousses terribles! 93 suivit de près 91, et l'on vit ruines sur ruines; transformations sur transformations, jusqu'à ce que enfin *Napoléon* apparut, débrouilla ce chaos de néant et de gloire, sépara les vérités des passions, les éléments de succès des germes de mort; et ramena à l'idée de synthèse tous ces grands principes, qui, luttant sans cesse entre eux, compromettaient le succès auquel tous étaient intéressés.

Napoléon, en arrivant sur la scène du monde, vit que son rôle était d'être *l'exécuteur testamentaire* de la Révolution. Cette grande mission, il l'accomplit jusqu'au bout, et, pour nous servir de ses expressions, *il dessouilla la Révolution, affermit les rois, ennoblit les peuples.* Il dessouilla la Révolution en séparant les vérités qu'elle fit triompher des passions qui, dans leur délire, les avaient obscurcies; il raffermit les rois en rendant le pouvoir honoré et respectable; il ennoblit les peuples en leur donnant la conscience de leur force et ces institutions qui relèvent l'homme à ses propres yeux. L'Empereur doit être considéré comme le Messie des idées nouvelles.

La liberté est comme un fleuve; pour qu'elle apporte l'abondance et non la dévastation, il faut qu'on lui creuse un lit large et profond; l'on voit des hommes, dans leur prévention, repousser la liberté, parce qu'elle détruit, comme si l'on devait bannir le *feu*, parce qu'il brûle, et l'*eau*, parce qu'elle inonde.

Loi. — Une loi n'a de force que l'intérêt qu'a chaque citoyen de la respecter ou de l'enfreindre. Pour enraciner dans le peuple le respect de la loi, il faut qu'elle soit exécutée dans l'intérêt de tous, et qu'elle conserve le principe de l'égalité dans toute son extension; il faut recréer le prestige du pouvoir et enraciner dans les mœurs les principes de la révolution.

Mœurs. — Lorsque les anciennes mœurs ont été détruites par une révolution sociale il faut en recréer de nouvelles, d'accord avec les nouveaux principes, avant que la liberté soit possible.

Monde. — Plus le monde se perfectionne, plus les barrières qui divisent les hommes s'élargissent, plus il y a de pays que les mêmes intérêts tendent à réunir.

Morale chrétienne. — Donner l'élan à toutes les passions élevées en montrant que le mérite et la vertu conduisent aux richesses et aux honneurs, c'est prouver aux peuples que les sentiments nobles du cœur humain ne sont que les drapeaux des intérêts matériels bien entendus, de même que la morale chrétienne est sublime, parce que même comme loi civile, elle est le guide le plus sûr que nous puissions suivre, la meilleure conseillère de nos intérêts privés.

Napoléon. — Hommes de la liberté qui vous êtes rejouis de la chute de Napoléon, votre erreur a été funeste. Que d'années s'écouleront encore, que de luttes et de sacrifices avant que vous soyez arrivés au point où l'Empereur vous avait fait parvenir.

Ce n'est pas le peuple français en courroux qui a sapé son trône ; il a fallu à deux fois, douze cent mille étrangers pour briser le sceptre impérial.

Omnipotence. — On commettrait une grave erreur si l'on croyait qu'un grand homme a l'omnipotence, et qu'il ne puise sa force qu'en lui-même : Savoir, deviner, profiter et conduire, telles sont les premières qualités d'un génie supérieur. « Je n'ai « garde, disait Napoléon, de tomber dans la « faute des hommes à systèmes modernes; « de me croire par moi seul, et par mes idées « la sagesse des nations. Le génie de l'ou- « vrier est de savoir se servir des maté- « riaux qu'il a sous la main. »

Oppresseurs. — Les hommes ont dans tous les temps les mêmes passions ; les causes qui produisent les grands changements sont différentes ; mais les effets sont souvent les mêmes. On a presque toujours vu dans les temps de troubles, les opprimés réclamer pour eux la liberté, et une fois cette liberté obtenue, la refuser à ceux qui étaient leurs oppresseurs.

Organisation. — L'Italie et la Pologne cherchent à recouvrer l'organisation que Napoléon leur avait donnée.

L'Espagne verse à flots le sang de ses enfants pour rétablir les institutions que la Consulte de Bayonne de 1808 garantissait.

La Belgique, en 1830, a manifesté hautement son désir de redevenir ce qu'elle était sous l'Empire.

Plusieurs pays d'Allemagne réclament les lois que Napoléon leur avait données.

Enfin les Cantons Suisses, d'un commun accord, préfèrent, au pacte qui les lie, l'acte de médiation de 1803.

Ordre civil. — Lorsque, dans une nation, il n'y a plus d'aristocratie et qu'il n'y a d'organisé que l'armée, il faut reconstituer un ordre civil, basé sur une organisation précieuse et régulière, avant que la liberté soit possible.

Partis. — Lorsque, dans un pays, il y a des partis acharnés les uns contre les autres, des haines violentes, il faut que ces partis disparaissent, que ces haines s'apaisent, avant que la liberté soit possible.

Peuple. — Les peuples ont tous quelque chose de commun : c'est le besoin de perfectionnement. Ils ont chacun quelque chose de particulier : c'est le genre de malaise qui paralyse leurs efforts.

Principes. — La contradiction entre

les principes proclamés et leur application, tend à introduire la confusion dans les idées et dans les choses; il en sera toujours ainsi, tant qu'il n'y aura pas un pouvoir national qui par sa stabilité et la conscience de sa force en sera exempt, et pourra donner protection à tous les partis, sans rien perdre de son caractère populaire.

Progrès. — Le progrès ne disparaît jamais, mais il se déplace souvent, il va des gouverneurs aux gouvernés; la tendance des révolutions est de le ramener toujours parmi les gouverneurs. Lorsqu'il est à la tête des sociétés, il marche hardiment car il conduit; lorsqu'il est dans la masse il marche à pas lents, car il lutte. Dans le premier cas le peuple confiant se laisse gouverner, dans le second cas il veut au contraire tout faire par lui-même. Depuis que le monde existe le progrès a toujours eu lieu.

Religion. — L'Empereur ne basa son autorité que sur une sève jeune et vigoureuse, les intérêts nouveaux. Il rétablit la religion, mais sans faire du clergé un moyen de gouvernement, aussi le passage de la République à l'Empire et le rétablissement des cultes, au lieu d'éveiller des craintes, rassurèrent les esprits, car loin de froisser aucun intérêt, ils satisfaisaient à des besoins politiques et moraux, et répondaient au vœu du plus grand nombre.

République. — Dans un grand État européen, il est difficile de concevoir l'existence d'une République *sans aristocratie.* On peut ajouter que l'aristocratie n'a pas besoin de chef, tandis que la nature de la démocratie est de se perfectionner dans un homme.

Révolution. — La grande difficulté des révolutions est d'éviter la confusion dans les idées populaires, Le devoir de tout gouvernement est de combattre les idées fausses et de diriger les idées vraies, en se mettant hardiment à leur tête, car si au lieu de conduire, un gouvernement se laisse entraîner, il court à sa perte, et il compromet la société au lieu de la protéger.

Richesse de la France. — L'agriculture est l'âme, la base d'un empire.

L'industrie, l'aisance, le bonheur de la population.

Le commerce extérieur, la surabondance, le bon emploi des deux autres.

Société. — L'amélioration des sociétés marche sans cesse; malgré les obstacles, elle ne connaît de limites que celles du monde. La société renferme en elle deux éléments contraires : d'un côté immortalité et progrès, de l'autre malaise et désorganisation. Les générations qui se succèdent participent toutes des mêmes éléments.

Système. — Il n'est plus besoin maintenant de refaire le système de l'Empereur, il se fera de lui-même, Souverains et Peuples lui aideront à le rétablir, parce que chacun y verra une garantie d'ordre, de paix et de prospérité.

Vérité. — Le sort commun à toute nouvelle vérité qui surgit, est d'effrayer au lieu de séduire, de blesser au lieu de convaincre. C'est qu'elle s'élance avec d'autant plus de force qu'elle a été plus longtemps comprimée, c'est qu'ayant des obstacles à vaincre, il faut qu'elle lutte et qu'elle renverse, jusqu'à ce que, comprise et adoptée par la généralité, elle devienne la base d'un nouvel ordre social.

Violence. — Il ne faut jamais attaquer de front les idées nuisibles, mais les prendre à revers, parlementer, traiter avec elles, et enfin les soumettre par une influence morale, car la violence ne vaut rien contre les idées. C'est parce que l'Empereur fut le représentant des idées vraies de son siècle qu'il acquit si facilement l'ascendant le plus immense.

Splendeur et organisation de la France sous l'Empereur.

On doit à l'Empereur la création des préfets, sous-préfets, maires et adjoints ; la France fut alors divisée en 398 arrondissements communaux ; chaque département avait un conseil général et un conseil de préfecture.

Il rétablit la direction générale des forêts, de l'enregistrement et des douanes.

L'ordre judiciaire se composait, sous le directoire, de 417 tribunaux correctionnels et de 98 tribunaux civils. En 1800, il fut établi dans chaque arrondissement communal un tribunal de première instance, connaissant aussi des matières de police correctionnelle ; au-dessus de ces tribunaux s'élevaient 29 tribunaux d'appel.

Chaque département avait un tribunal criminel ; à Paris, siégeait la cour de cassation. En 1810, les cours d'appel et les cours criminelles furent réunies et recevaient le titre de cours impériales ; les cours de justice criminelle furent supprimées ; les cours d'assises et les cours spéciales étaient une émanation des cours impériales.

Avant le 18 brumaire, le trésor ne possédait à cette époque que 150,000 fr. ; les rentes et pensions de l'État n'étaient payées qu'en papier ; un an suffit à Napoléon, après le 18 brumaire, pour régulariser le recouvrement des contributions ; de telle sorte que tout en abolissant les moyens violents, il avait fait face aux dépenses, diminué les impôts, rétabli le numéraire effectif, et que le trésor possédait en portefeuille TROIS CENTS MILLIONS DE VALEURS.

Il favorisa la création de la Banque de France ; il avait l'intention d'ériger des succursales de cet établissement dans toutes les grandes villes de France.

Il introduisit à la trésorerie la comptabilité en partie double.

Il obligea les receveurs-généraux, les notaires, et les agents de change à fournir des cautionnements.

Il fixa, par une loi spéciale, le montant de la dette publique à quatre-vingts millions de rentes.

Il fit rectifier le taux des rentes viagères, comme n'étant pas d'accord avec le calcul de probabilité.

Il fonda la caisse d'amortissement, installa une caisse de service chargée d'opérer, avec célérité, dans les départements, l'application locale des recettes aux dépenses; elle ouvrait des comptes-courants aux receveurs-généraux.

Il voulait créer des caisses d'activité, dont les sommes toujours croissantes eussent été consacrées aux travaux d'amélioration publique; il y aurait eu la caisse d'activité de l'Empire pour les travaux généraux : la caisse des départements pour les travaux locaux, la caisse des communes pour les travaux municipaux.

En 1806, le droit de passe et de taxe sur les routes fut supprimé, et une loi autorisa l'établissement d'octrois municipaux dans les villes où les hospices civils n'avaient pas de revenus suffisants.

Le conseil de liquidation, installé en 1802, cessa ses travaux le 30 juin 1810; il avait liquidé toutes les dettes de l'État, cette longue plaie de la révolution.

L'Empereur estimait qu'il fallait à la France un budget de 800 millions pour l'état de guerre, et de 600 millions pour l'état de paix. Il était donc, malgré la guerre, de 400 millions moins élevé que celui dont tant d'années de paix ont grevé la France.

L'Empereur ne dépensait pas pour lui

la moitié de sa liste civile ; l'excédant formait un fonds de réserve, et servait, soit à faire exécuter des travaux, soit à seconder les manufacturiers.

Il établit la cour des comptes.

En 1810, le cadastre parcellaire était exécuté dans 3,200 communes.

La même année, la propriété des mines fut régularisée par des lois, et l'Empereur créa un corps d'ingénieur des mines.

Il fit établir des dépôts de mendicité, institua la société maternelle qui devait avoir un conseil d'administration dans chacune des grandes villes de l'Empire. L'institution des sœurs de charité fut rétablie avec tous ses avantages.

Six maisons furent destinées à recueillir les orphelins de la Légion-d'Honneur. (1810.)

L'hôtel des Invalides reçut, en 1813, une nouvelle organisation, et on lui adjoignit sur plusieurs points des succursales.

Napoléon créa des camps pour les vétérans, ou chacun de ceux qui y étaient admis, avaient une habitation rurale, une portion de terre d'un revenu net, égal à la seconde retraite.

En 1817, on rendit aux hospices les biens qu'un décret de la Convention avait aliénés.

Les condamnés par les tribunaux criminels ne furent plus confondus avec les condamnés correctionnels; les maisons centrales reçurent les condamnés à une année au moins de détention.

L'inhumation du pauvre fut fait gratuitement et décemment.

Il voulait faire réduire, le dimanche, les places du Théâtre-Français à vingt sous, afin que le peuple pût jouir des chefs-d'œuvre de notre littérature.

La prospérité des *communes* fut l'objet de toute la sollicitude de l'Empereur; il soutenait souvent les maires contre les préfets.

L'agriculture n'a cessé de faire de grands progrès sous l'Empereur ; il ordonnait aux préfets de lui faire connaître les propriétaires-cultivateurs qui se distingueraient, soit par une culture mieux entendue et mieux raisonnée, soit par une éducation plus soignée des bestiaux, et par l'amélioration des espèces. Dans les départements arriérés pour la culture, on engageait les bons propriétaires à envoyer leurs enfants étudier la méthode usitée dans les départements où l'agriculture était florissante ; des éloges et des récompenses étaient décernés à ceux qui avaient le mieux profité.

Le code rural projeté dès 1802 fut achevé sous l'Empire.

En 1807, le gouvernement créa dans l'école d'Alfort une chaire d'économie rurale.

L'industrie fut en quelque sorte créée sous l'Empire; en disant que l'industrie était une nouvelle propriété, l'Empereur exprimait son importance et sa nature.

Il établit dans les villes manufacturières des conseils de prud'hommes. Des chambres consultatives de manufactures, fabriques, arts et métiers furent instituées; on installa au ministère de l'Intérieur un conseil général de fabriques et de manufactures; l'Empereur prêta souvent sur sa liste civile à des manufacturiers qui, faute de débit, étaient dans le cas de suspendre leurs travaux.

Il voulait établir une caisse particulière pour venir au secours de l'industrie.

Les sciences concoururent à relever l'industrie; la chimie et la mécanique furent employées sous son règne à perfectionner toutes les branches d'industrie.

Il s'opposa toujours au rétablissement des jurandes et des maîtrises. Il établit des écoles d'arts et de métiers à Châlons. Les prix les plus élevés furent fondés pour encourager toutes les inventions. Un *million* fut promis à l'inventeur de la meilleure machine pour filer le lin. — Un premier prix de 40,000 francs et un second de 20,000 fr. à l'auteur de la machine la plus propre à ouvrir, carder, peigner et filer la laine.

Il créa des manufactures de coton. — Il fit faire des fouilles pour chercher du granit, et c'est à cet ordre qu'on doit les carrières qu'on exploite aujourd'hui. — Les produits européens remplacèrent les produits exotiques ; le pastel suppléa à l'indigo, la betterave fut substituée à la canne à sucre, et la garence à la cochenille ; les fabriques de soudes artificielles remplacèrent les soudes étrangères, etc.

Le code de commerce fut terminé et adopté en 1807.

Les *travaux publics* que l'Empereur

fit exécuter sur une si grande échelle, sont pour ainsi dire fabuleux.

Depuis l'avènement de l'empereur au trône impérial, jusqu'en 1812, on a dépensé :

Pour les palais impériaux et bâtiments de la couronne.	62,000,000
Pour les fortifications. . .	144,000,000
Pour les ports maritimes.	117,000,000
Pour les routes.	277,000,000
Pour les ponts.	31,000,000
Pour les canaux, la navigation et les dessèchements.	123,000,000
Pour les travaux de Paris.	102,000,000
Pour les édifices publics du du département et des principales villes. . . .	149,000,000
	1,005,000,000

Les diamants de la couronne engagés à l'époque de nos troubles furent retirés; des acquisitions pour les compléter furent faites.

Le mobilier de la couronne qui doit, conformément aux statuts, être de trente millions fut également complété.

Trente millions furent employés en tableaux, en statues, en objets d'art et d'antiquité, et on les ajouta à l'immense collection du Musée Napoléon.

Toutes ces dépenses furent acquittées sur les fonds de la couronne et du domaine extraordinaire.

Et l'homme qui eut tant de trésors à sa disposition, qui distribua 700 millions de dotation, n'eut jamais de propriétés particulières.

Il ne perdit pas de vue le soin d'assurer nos frontières, de grands travaux consolidèrent le système de défense du Helder, la clé de la Hollande; on creusa le bassin d'Anvers ; Ostende reçut de grandes améliorations. Cherbourg mis en état de soutenir un siége coûta 13,700,000 francs. Les travaux à Alexandrie 25,000,000.

L'*instruction publique* devait, sous un régime éclairé comme l'était celui de l'Empire, participer à l'impulsion imprimée par le chef de l'État à toutes les branches de l'administration. « Il n'y a, disait l'Empe- « reur, que ceux qui veulent tromper les « peuples et gouverner à leur profit qui « peuvent vouloir les retenir dans l'igno- « rance. » L'enseignement fut divisé en trois classes : 1° les écoles municipales ou primaires; 2° les écoles secondaires ou colléges communaux; 3° les lycées et les écoles spéciales, entretenus aux frais du trésor.

On établit d'abord 45 lycées.

Le gouvernement fit faire des ouvrages pour l'enseignement des mathématiques, par La Place, Monge et Lacroix; d'histoire naturelle, par Dumenil; de minéralogie, par Brongniart; de chimie, par Adet; d'astronomie, par Reil; de physique, par H. Amy.

La dénomination de prytanée français fut donnée, en 1813, au seul collége de Saint-Cyr, école gratuite réservée aux fils de militaires morts sur le champ de bataille. Les élèves de cette école, après avoir subi des examens, passaient à l'école spéciale de Fontainebleau, qui fut aussi créée à cette époque.

On établit une école spéciale de marine et des vaisseaux-écoles, à Toulon et à Brest. On créa deux écoles pratiques de mines, l'une dans le département de la Saar, à Geislautern, l'autre à Peley, département du Mont-Blanc.

L'enseignement public dans tout l'Empire fut exclusivement confié à l'Université.

Il y avait cinq ordres de Facultés : ceux

de théologie, de droit, de médecine, des sciences mathématiques et physiques.—En outre, une Faculté de théologie pour l'Église métropolitaine.

Le nombre des lycées fut porté à 100.

L'école Polytechnique, dont la fondation appartient au Directoire, prit un grand développement et formait des officiers distingués aux armées.

L'école Normale apparut.

Un hospice dans chaque arrondissement fut chargé de recevoir les enfants trouvés, les enfants abandonnés, les orphelins pauvres.

On eut les écoles spéciales du génie, de l'artillerie, des ponts et chaussées, des mines, les écoles de Saint-Germain, de la Flèche.

L'école française des Beaux-Arts, à Rome, fut remise en activité.

L'Empereur stimula encore tous les genres de mérites par des prix et des récompenses auxquels, dans un but d'émulation, il fit concourir tous les savants de l'Europe ; des prix décennaux furent également fondés.

Il n'épargna rien pour honorer la mémoire des savants qui étaient morts; il fit placer la statue de d'Alembert dans la salle des séances de l'Institut; il fit élever des mausolées à Voltaire et à Rousseau.

Les bustes de Tronchet et de Portalis, les rédacteurs du premier projet du code Napoléon, furent placés dans la salle du conseil d'État.

A Cambrai, un monument fut élevé aux cendres de Fénelon.

En 1816, il ordonna la publication, à ses frais, de la relation des voyages et découvertes faites de 1811 à 1814, par Perron, Lesueur et le capitaine Baudin.

Biot et Arago furent envoyés en Espagne pour continuer la mesure de l'arc du méridien jusqu'aux Iles Baléares.

On peut dire que ce sont les élèves des lycées qui, après la chute de l'Empire, ont continué dans les arts, les sciences et les lettres, la gloire de la France.

De l'armée. — L'univers entier connaît les exploits de ces soldats héroïques qui, depuis Arcole jusques à Waterloo, secondèrent les entreprises gigantesques de Napoléon, et mouraient pour lui, avec bonheur, parce qu'ils savaient que c'était mourir pour la France. Nous ne retracerons donc pas tout ce que l'armée a fait pour l'Empereur, et tout ce que l'Empereur a fait pour elle.

Avec *Napoléon* cessèrent toutes les passions réactionnaires ; fort de l'assentiment du peuple, il cicatrisa toutes les plaies, récompensa tous les mérites, adopta toutes les gloires, et fit concourir tous les Français à un seul but, la prospérité de la France.

A peine investi du pouvoir, premier consul, il révoqua les lois qui excluaient les parents des émigrés et des ci-devant nobles, de l'exercice des droits politiques et des fonctions publiques. Il abolit la loi des ôtages, il rappela les écrivains condamnés à la déportation, tels que Carnot, Portalis, Siméon. Il fait revenir les conventionnels Barrère et Vadier. Il ouvre les portes de la France à plus de *cent mille émigrés*. Il pacifie la Vendée. « Gouverner par un « parti, disait-il, c'est se mettre tôt ou tard « dans sa dépendance ; on ne m'y prendra « pas, je suis national. Je me sers de tous « ceux qui ont de la capacité, et la volonté « de marcher avec moi. Voilà pourquoi j'ai « composé mon conseil d'État de constituants « qu'on appelait modérérés ou feuillants, « comme Radier, Regnier, Regnault, de « royalistes comme Devaives et Dufresnes ; « enfin, de jacobins comme Brune, Réal et « Bernier. J'aime les honnêtes gens de « tous les partis. »

Prompt à récompenser les services récents comme à illustrer tous les grands souvenirs, Napoléon fait mettre, à l'hôtel des

Invalides, à côté des statues de Hoche, de Joubert, de Marceau, la statue de Condé, les cendres de Turenne et le cœur de Vauban. Il fait revivre, à Orléans, la mémoire de Jeanne d'Arc. En 1810, il fait de la reddition d'un grand citoyen, La Fayette, la condition impérieuse d'un traité. Plus tard, il prend pour aides-de-camp des officiers (Drouot, Lobau), qui avaient été opposants au consulat à vie. On le voit traiter avec la même bienveillance les sénateurs qui avaient voté contre l'établissement de l'Empire.

Toujours fidèle aux principes de conciliation, l'Empereur, dans le cours de son règne, donne une pension à la sœur de Robespierre, comme à la mère du duc d'Orléans. (Il accorda à la mère de l'ex-roi Louis-Philippe une pension de 400,000 francs, et une autre de 200,000 francs à la duchesse de Bourbon.) Il soulage l'infortune de la veuve de Bailly, président de l'Assemblée constituante, et soutient dans sa vieillesse la dernière descendante des Duguesclin.

Réunir toutes les forces nationales contre l'étranger, réorganiser le pays sur des principes d'égalité, d'ordre et de justice, telle fut la tâche de *Napoléon ;* il trouva sous sa main bien des éléments antipathiques, mais suivant sa propre expression, il les réunit en amalgamant au lieu d'extirper.

Le clergé était partagé entre les anciens et les nouveaux évêques, les prêtres assermentés, partisans de la révolution, et les prêtres réfractaires. L'Empereur, par son concordat, ramena le clergé à des idées de concorde et de soumission. Napoléon allia l'ancienne France à la nouvelle, en confondant les titres héréditaires avec de nouveaux titres acquis par des services. Enfin, les juifs deviennent citoyens, et les barrières qui les séparaient du reste de la nation, disparurent peu à peu.

Sous l'Empire, toute idée de caste était détruite, personne ne pensait à se vanter de ses perchemins; on demandait à un homme ce qu'il avait fait, et non de qui il était né.

Budgets sous le Consulat et l'Empire.

—

1800	600,000,000
1801	545,000,000
1802	503,000,090
1803	589,000,000
1805	700,000,009
1805	680,000,000
1806	689,6h5,923
1807	720,000,000
1808	772,744,445
1809	786,740,211
1810	795,414,093
1811	054,000,000

1812	1,030,000,000
1813	1,150,000,000

En 1848, sous Louis-Philippe, le budget, en temps de paix, montait à 1,500 millions.

Tout ce qu'entreprit Napoléon pour opérer une fusion générale, il le fit sans renoncer aux principes de la révolution.

Il avait rappelé les émigrés sans toucher à l'irrévocabilité de la vente des biens nationaux.

Il avait rétabli la religion catholique, tout en proclamant la liberté des consciences et en donnant une rétribution égale aux ministres de tous les cultes.

Il se fit sacrer par le souverain Pontife, sans souscrire à aucune des concessions que lui demandait le pape sur les libertés de l'église gallicane.

Il épousa la fille de l'empereur d'Autriche, sans abandonner aucun des droits de la France sur les conquêtes qu'elle avait faites.

Il rétablit les titres nobiliaires, mais sans y attacher de priviléges ni de prérogatives, car ces titres allaient atteindre toutes les naissances, tous les services, toutes les professions.

ROME ET LA FRANCE

HYMME

A PIE IX, vicaire du Christ

Laus tibi, Christe ?

Air : *C'était Renaud de Montauban.*

Que de partis divisés d'intérêt,
Que de malheurs pèsent sur notre France,
Et chaque jour, ne sommes-nous pas prêts
A recourir encore à la vengeance ?
Mais que le Pape, enfin, soit notre appui ;
Il calmera nos terreurs, notre crainte,
Ah ! pour avoir une liberté sainte,
Que la France a besoin de lui (*ter*).

Prélat humain, chrétien vraiment parfait,
Pour ses vertus, digne de notre hommage ;

Oui, de ce dieu tout-puissant qui l'a fait,
N'en est-il pas, sur la terre, l'image ?
Ce grand pontife est enfin notre appui,
Il calmera nos terreurs, notre crainte ;
Ah ! pour avoir une liberté sainte,
Que la France a besoin de lui. (*ter.*)

Quelle splendeur pour notre beau pays !
Si, fuyant Rome, son puissant vicaire,
Au nom du Christ, intronise à Paris
Le Vatican, ce trône de saint Pierre ;
Car son pontife est un bien grand appui
Pour dissiper nos terreurs, notre crainte.
Ah ! pour avoir une liberté sainte,
Que la France a besoin de lui. (*ter.*)

Maîtresse et reine de la chrétienté,
La France alors, souveraine du monde,
Fille du ciel et de la liberté,
Contre les rois parjures, tonne et gronde.
Car un pontife est un bien grand appui
Pour dissiper nos terreurs, notre crainte ;
Ah ! pour avoir une liberté sainte,
Que la France a besoin de lui. (*ter.*)

N'était-ce pas, du grand Napoléon,
Le glorieux et le sublime rêve ?
Eh bien! Français, pour l'honneur de son nom,
Il faut enfin que ce rêve s'achève !
Car un pontife est un puissant appui
Pour dissiper nos terreurs, notre crainte ;
Ah ! pour avoir une liberté sainte,
Que la France a besoin de lui. (*ter.*)

Mais, par malheur, tous nos ambitieux,
Très peu zélés pour la foi catholique,
Feront pour elle, et n'est-ce pas honteux,
Ce qu'ils ont fait pour notre République.
Et cependant le pape est un appui
Qui peut calmer nos terreurs, notre crainte ;
Ah ! pour avoir une liberté sainte,
Que la France a besoin de lui. (*ter.*)

Pour nous guider dans le choix glorieux
D'un Président à la toute-puissance,
Chrétiens, au ciel, en adressant vos vœux,
De son ministre, invoquez l'assistance !
Car ce pontife est un puissant appui,
Pous dissiper nos terreurs, notre crainte :
Ah ! pour avoir une liberté sainte,
Que la France a besoin de lui. (*ter.*)

Jette sur nous un regard de bonté ;
Oui, Dieu clément, sauve notre patrie.
N'avons-nous pas, au lieu de liberté,
Le meurtre, hélas! sans compter l'infamie.
Mais si le pape est enfin notre appui,
Il calmera nos terreurs, notre crainte;
Ah ! pour avoir une liberté sainte,
La France a grand besoin de lui. (*ter.*)

FIN.

TABLE

Pages.

FIN DE LA TABLE.

LAGNY. — Imprimerie de GIROUX et VIALAT.

www.ingramcontent.com/pod-product-compliance
Lightning Source LLC
LaVergne TN
LVHW020337230826
846091LV00003B/910

* 9 7 8 2 0 1 2 8 3 1 7 5 9 *